PETITS CHATEAUX

DE BOHÊME

Les Maîtresses à Paris, par Léon Gozlan

Midi à Quatorze heures

PAR ALPHONSE KARR.

Émaux et Camées, par Théophile Gautier

La Vertu de Rosine

ROMAN PHILOSOPHIQUE, PAR ARSÈNE HOUSSAYE.

Mademoiselle Mimi Pinson

PAR ALFRED DE MUSSET.

Celle-ci et Celle-là, par Théophile Gautier

SOUS PRESSE

Les Femmes, par Alphonse Karr

Un Voyage de désagréments à Londres

PAR JULES LECOMTE.

PARIS. — IMP. SIMON RAÇON ET Cᵉ, RUE D'ERFURTH, 1.

GÉRARD DE NERVAL

PETITS CHATEAUX

DE

BOHÊME

PROSE ET POÉSIE

PARIS

EUGÈNE DIDIER, ÉDITEUR,

6, rue des Beaux-Arts.

—

MDCCCLIII

A ·UN AMI

Mon ami, vous me demandez si je pourrais retrouver quelques-uns de mes anciens vers, et vous vous inquiétez même d'apprendre comment j'ai été poëte, longtemps avant de devenir un humble prosateur.

*Je vous envoie les trois âges du poëte —
il n'y a plus en moi qu'un prosateur obs-
tiné. J'ai fait les premiers vers par en-
thousiasme de jeunesse, les seconds par
amour, les derniers par désespoir. La Muse
est entrée dans mon cœur comme une déesse
aux paroles dorées; elle s'en est échappée
comme une pythie en jetant des cris de
douleur. Seulement, ses derniers accents se
sont adoucis à mesure qu'elle s'éloignait.
Elle s'est détournée un instant, et j'ai revu
comme en un mirage les traits adorés
d'autrefois !*

*La vie d'un poëte est celle de tous. Il est
inutile d'en définir toutes les phases. Et
maintenant :*

> *Rebâtissons, ami, ce château périssable
> Que le souffle du monde a jeté sur le sable.
> Replaçons le sopha sous les tableaux flamands ..*

PETITS CHATEAUX

DE BOHÊME

PREMIER CHATEAU

I

LA RUE DU DOYENNÉ

C'était dans notre logement commun de
la rue du Doyenné, que nous nous étions
reconnus frères — *Arcades ambo,* — dans
un coin du vieux Louvre des Médicis, — bien

près de l'endroit où exista l'ancien hôtel de
Rambouillet.

Le vieux salon du doyen, aux quatre portes
à deux battants, au plafond historié de ro-
cailles et de guivres, — restauré par les soins
de tant de peintres, nos amis, qui sont depuis
devenus célèbres, retentissait de nos rimes
galantes, traversées souvent par les rires
joyeux ou les folles chansons des Cydalises.

Le bon Rogier souriait dans sa barbe,
du haut d'une échelle, où il peignait sur un
des trois dessus de glace un Neptune, —
qui lui ressemblait! Puis, les deux battants
d'une porte s'ouvraient avec fracas : c'é-
tait Théophile. — On s'empressait de lui
offrir un fauteuil Louis XIII, et il lisait, à
son tour, ses premiers vers, — pendant que
Cydalise Ire, ou Lorry, ou Victorine, se ba-
lançaient nonchalamment dans le hamac de
Sarah la blonde, tendu à travers l'immense
salon.

Quelqu'un de nous se levait parfois, et rê-
vait à des vers nouveaux en contemplant,
des fenêtres, les façades sculptées de la ga-
lerie du Musée, égayée de ce côté par les
arbres du manége.

Vous l'avez bien dit :

Théo, te souviens-tu de ces vertes saisons
Qui s'effeuillaient si vite en ces vieilles maisons,
Dont le front s'abritait sous une aile du Louvre?

Ou bien, par les fenêtres opposées, qui donnaient sur l'impasse, on adressait de vagues provocations aux yeux espagnols de la femme du commissaire, qui apparaissaient assez souvent au-dessus de la lanterne municipale.

Quels temps heureux! On donnait des bals, des soupers, des fêtes costumées, — on jouait de vieilles comédies, où mademoiselle Plessy, étant encore débutante, ne dédaigna pas d'accepter un rôle : — c'était celui de Béatrice dans *Jodelet.* — Et que notre pauvre Édouard était comique dans les rôles d'Arlequin * !

Nous étions jeunes, toujours gais, souvent riches... Mais je viens de faire vibrer la corde sombre : notre palais est rasé. J'en

---

* Notamment dans le *Courrier de Naples*, du théâtre des grands boulevards.

ai foulé les débris l'automne passée. Les ruines mêmes de la chapelle, qui se découpaient si gracieusement sur le vert des arbres, et dont le dôme s'était écroulé un jour, au dix-huitième siècle, sur six malheureux chanoines réunis pour dire un office, n'ont pas été respectées. Le jour où l'on coupera les arbres du manége, j'irai relire sur la place la *Forêt coupée* de Ronsard :

> Écoute, bûcheron, arreste un peu le bras :
> Ce ne sont pas des bois que tu jettes à bas ;
> Ne vois-tu pas le sang, lequel dégoutte à force,
> Des nymphes, qui vivaient dessous la dure écorce ?

Cela finit ainsi, vous le savez :

> La matière demeure et la forme se perd !

Vers cette époque, je me suis trouvé, un jour encore, assez riche pour enlever aux démolisseurs et racheter deux lots de boiseries du salon, peintes par nos amis. J'ai les deux dessus de porte de Nanteuil, le *Watteau* de Vattier, signé ; les deux panneaux

longs de Corot, représentant deux *Paysages*
de Provence; le *Moine rouge*, de Châtillon,
lisant la Bible sur la hanche cambrée d'une
femme nue, qui dort *; les *Bacchantes*, de
Chassériau, qui tiennent des tigres en laisse
comme des chiens; les deux trumeaux de
Rogier, où la Cydalise, en costume régence,
— en robe de taffetas feuille morte, — triste
présage, — sourit, de ses yeux chinois, en
respirant une rose, en face du portrait en
pied de Théophile, vêtu à l'espagnole. L'*af-
freux* propriétaire, qui demeurait au rez-
de-chaussée, mais sur la tête duquel nous
dansions trop souvent, après deux ans de
souffrances qui l'avaient conduit à nous
donner congé, a fait couvrir depuis toutes
ces peintures d'une couche à la détrempe,
parce qu'il prétendait que les nudités l'em-
pêchaient de louer à des bourgeois. — Je
bénis le sentiment d'économie qui l'a porté
à ne pas employer la peinture à l'huile.

De sorte que tout cela est à peu près
sauvé. Je n'ai pas retrouvé le *Siége de Lé-*

* Même sujet que le tableau qui se trouvait chez Vic-
tor Hugo.

rida, de Lorentz, où l'armée française monte à l'assaut, précédée par des violons ; ni les deux petits *Paysages* de Rousseau, qu'on aura sans doute coupés d'avance ; mais j'ai, de Lorentz, une *maréchale* poudrée, en uniforme Louis XV. — Quant au lit renaissance, à la console médicis, aux deux buffets *, au *Ribeira* **, aux tapisseries des quatre éléments, il y a longtemps que tout cela s'était dispersé. — Où avez-vous perdu tant de belles choses ? me dit un jour Balzac. — Dans les malheurs ! lui répondis-je en citant un de ses mots favoris.

---

* Heureusement, Alphonse Karr possède le buffet aux trois femmes et aux trois Satyres, avec des ovales de peintures du temps sur les portes.

** La *Mort de saint Joseph* est à Londres, chez Gavarni.

II

PORTRAITS

Reparlons de la Cydalise, ou plutôt, n'en disons qu'un mot : — Elle est embaumée et conservée à jamais, dans le pur cristal d'un sonnet de Théophile, — du Théo, comme nous disions.

Théophile a toujours passé pour solide; il n'a jamais cependant pris de ventre, et s'est conservé tel encore que nous le connaissions. Nos vêtements étriqués sont si absurdes, que l'Antinoüs, habillé d'un habit, semblerait énorme, comme la Vénus, habillée d'une robe moderne : l'un aurait l'air d'un fort de la halle endimanché, l'autre d'une marchande de poisson. L'armature colossale du corps de notre ami (on peut le dire, puisqu'il voyage en Grèce aujourd'hui), lui fait souvent du tort près des dames abonnées aux journaux de modes; une connaissance plus parfaite lui a maintenu la faveur du

sexe le plus faible et le plus intelligent; il
jouissait d'une grande réputation dans notre
cercle, et ne se mourait pas toujours aux
pieds chinois de la Cydalise.

En remontant plus haut dans mes souve-
nirs, je retrouve un Théophile maigre...
Vous ne l'avez pas connu. Je l'ai vu, un
jour, étendu sur un lit, — long et vert, —
la poitrine chargée de ventouses. Il s'en allait rejoindre, peu à peu, son pseudonyme,
Théophile de Viau, dont vous avez décrit
les amours panthéistes, — par le chemin
ombragé de l'*Allée de Sylvie*. Ces deux poëtes, séparés par deux siècles, se seraient
serré la main, aux Champs-Élysées de Virgile, beaucoup trop tôt.

Voici ce qui s'est passé à ce sujet :

Nous étions plusieurs amis, d'une so-
ciété antérieure, qui menions gaiement
une existence de mode alors, même pour
les gens sérieux. Le Théophile mourant
nous faisait peine, et nous avions des idées
nouvelles d'hygiène, que nous communi-
quâmes aux parents. Les parents compri-
rent, chose rare; mais ils aimaient leur fils.
On renvoya le médecin, et nous dîmes à

Théo : « Lève-toi... et viens souper. » La faiblesse de son estomac nous inquiéta d'abord. Il s'était endormi et senti malade à la première représentation de *Robert le Diable*.

On rappela le médecin. Ce dernier se mit à réfléchir, et, le voyant plein de santé au réveil, dit aux parents : « Ses amis ont peut-être raison. »

Depuis ce temps-là, le Théophile refleurit. — On ne parla plus de ventouses, et on nous l'abandonna. La nature l'avait fait poëte, nos soins le firent presque immortel. Ce qui réussissait le plus sur son tempérament, c'était une certaine préparation de cassis sans sucre, que ses sœurs lui servaient dans d'énormes amphores en grès de la fabrique de Beauvais; Ziégler a donné depuis des formes capricieuses à ce qui n'était alors que de simples cruches au ventre lourd. Lorsque nous nous communiquions nos inspirations poétiques, on faisait, par précaution, garnir la chambre de matelas, afin que le *paroxysme*, dû quelquefois au Bacchus du cassis, ne compromît pas nos têtes avec les angles des meubles.

Théophile, sauvé, n'a plus bu que de l'eau

rougie, et un doigt de champagne dans les petits soupers.

III

LA REINE DE SABA

Revenons-y. — Nous avions désespéré d'attendrir la femme du commissaire. — Son mari, moins farouche qu'elle, avait répondu, par une lettre fort polie, à l'invitation collective que nous leur avions adressée. Comme il était impossible de dormir dans ces vieilles maisons, à cause des suites chorégraphiques de nos soupers, — munis du silence complaisant des autorités voisines, — nous invitions tous les locataires distingués de l'impasse, et nous avions une collection d'attachés d'ambassades, en habits bleus à boutons d'or, de jeunes conseillers d'État *, de référendaires en herbe, dont la nichée d'hommes déjà sérieux, mais encore aimables, se développait dans ce pâté de maisons, en vue des Tuileries et des ministères voisins. Ils n'étaient reçus qu'à condition d'amener des femmes du monde, protégées, si elles y tenaient, par des dominos et des loups.

Les propriétaires et les concierges étaient seuls condamnés à un sommeil troublé — par les accords d'un orchestre de guinguette choisi à dessein, et par les bonds éperdus d'un galop monstre, qui, de la salle aux escaliers et des escaliers à l'impasse, allait aboutir nécessairement à une petite place entourée d'arbres, — où un cabaret s'était abrité sous les ruines imposantes de la chapelle du Doyenné. Au clair de lune, on admirait encore les restes de la vaste coupole italienne qui s'était écroulée, au dix-huitième siècle, sur les six malheureux chanoines, — accident duquel le cardinal Dubois fut un instant soupçonné.

* L'un d'eux s'appelait Van Daël, jeune homme charmant, mais dont le nom a porté malheur à notre château.

Mais vous me demanderez d'expliquer encore, en pâle prose, ces quatre vers de votre pièce intitulée : *Vingt ans*.

> D'où vous vient, ô Gérard, cet air académique ?
> Est-ce que les beaux yeux de l'Opéra-Comique
> S'allumeraient ailleurs ? La *reine du Sabbat*,
> Qui, depuis deux hivers, dans vos bras se débat,
> Vous échapperait-elle ainsi qu'une chimère ? !
> Et Gérard répondait : « Que la femme est amère ! »

Pourquoi *du Sabbat...* mon cher ami ? et pourquoi jeter maintenant de l'absinthe dans cette coupe d'or, moulée sur un beau sein ?

Ne vous souvenez-vous plus des vers de ce *Cantique des Cantiques*, où l'Ecclésiaste nouveau s'adresse à cette même reine du matin :

> La grenade qui s'ouvre au soleil d'Italie
> N'est pas si gaie encore, à mes yeux enchantés,
> Que ta lèvre entr'ouverte, ô ma belle folie,
> Où je bois à longs flots le vin des voluptés.

La reine de Saba, c'était bien celle, en effet, qui me préoccupait alors, — et doublement. — Le fantôme éclatant de la fille des Hémiarites tourmentait mes nuits sous les hautes colonnes de ce grand lit sculpté, acheté en Touraine, et qui n'était pas encore garni de sa brocatelle rouge à ramages. Les salamandres de François Ier me versaient leur flamme du haut des corniches, où se jouaient des amours imprudents. ELLE m'apparaissait radieuse, comme au jour où Salomon l'admira s'avançant vers lui dans les splendeurs pourprées du matin. Elle venait me proposer l'éternelle énigme que le Sage ne put résoudre, et ses yeux, que la malice animait plus que l'amour, tempéraient seuls la majesté de son visage oriental. — Qu'elle était belle! non pas plus belle cependant qu'une autre reine du matin, dont l'image tourmentait mes journées.

Cette dernière réalisait vivante mon rêve idéal et divin. Elle avait, comme l'immortelle Balkis, le don communiqué par la huppe miraculeuse. Les oiseaux se taisaient en entendant ses chants, — et l'auraient certainement suivie à travers les airs.

La question était de la faire débuter à l'Opéra. Le triomphe de Meyerbeer devenait le garant d'un nouveau succès. J'osai en en-

treprendre le poëme. J'aurais réuni ainsi
dans un trait de flamme les deux moitiés de
mon double amour. — C'est pourquoi, mon
ami, vous m'avez vu si préoccupé dans une
de ces nuits splendides où notre Louvre était
en fête. — Un mot de Dumas m'avait averti
que Meyerbeer nous attendait à sept heures
du matin.

IV

UNE FEMME EN PLEURS

Je ne songeais qu'à cela au milieu du bal.
Une femme, que vous vous rappelez sans
doute, pleurait à chaudes larmes dans un
coin du salon, et ne voulait, pas plus que
moi, se résoudre à danser. Cette belle éplo-
rée ne pouvait parvenir à cacher ses peines.

Tout à coup, elle me prit le bras et me dit : « Ramenez-moi, je ne puis rester ici. »

Je sortis en lui donnant le bras. Il n'y avait pas de voiture sur la place. Je lui conseillai de se calmer et de sécher ses yeux, puis de rentrer ensuite dans le bal; elle consentit seulement à se promener sur la petite place.

Je savais ouvrir une certaine porte en planches qui donnait sur le manége, et nous causâmes longtemps au clair de la lune, sous les tilleuls. Elle me raconta longuement tous ses désespoirs.

Celui qui l'avait amenée s'était épris d'une autre; de là une querelle intime; puis elle avait menacé de s'en retourner seule, ou accompagnée; il lui avait répondu qu'elle pouvait bien agir à son gré. De là les soupirs, de là les larmes.

Le jour ne devait pas tarder à poindre. La grande sarabande commençait. Trois ou quatre peintres d'histoire, peu danseurs de leur nature, avaient fait ouvrir le petit cabaret et chantaient à gorge déployée : *Il était un raboureur*, ou bien : *C'était un calonnier qui revenait de Flandre*, souvenir des réunions

joyeuses de la mère Saguet. — Notre asile
fut bientôt troublé par quelques masques
qui avaient trouvé ouverte la petite porte.
On parlait d'aller déjeuner à Madrid — au
Madrid du bois de Boulogne — ce qui se
faisait quelquefois. Bientôt le signal fut
donné, on nous entraîna, et nous partîmes
à pied, escortés par trois gardes françaises,
dont deux étaient simplement MM. d'Eg-
mont et de Beauvoir; — le troisième, c'é-
tait Giraud, le peintre ordinaire des gardes
françaises.

Les sentinelles des Tuileries ne pouvaient
comprendre cette apparition inattendue qui
semblait le fantôme d'une scène d'il y a cent
ans, où des gardes françaises auraient mené
au violon une troupe de masques tapageurs.
De plus, l'une des deux petites marchandes
de tabac si jolies, qui faisaient l'ornement
de nos bals, n'osa se laisser emmener à Madrid sans prévenir son mari, qui gardait la
maison.

Nous l'accompagnâmes à travers les rues.
Elle frappa à sa porte. Le mari parut à une
fenêtre de l'entresol. Elle lui cria : « Je
vais déjeuner avec ces messieurs. » Il ré-

pondit : « Va-t'en au diable!... C'était bien la peine de me réveiller pour cela! »

La belle désolée faisait une résistance assez faible pour se laisser entraîner à Madrid, et moi je faisais mes adieux à Rogier en lui expliquant que je voulais aller travailler à mon *scenario*. — Comment! tu ne nous suis pas; cette dame n'a plus d'autre cavalier que toi... et elle t'avait choisi pour la reconduire. — Mais j'ai rendez-vous à sept heures chez Meyerbeer, entends-tu bien ?

Rogier fut pris d'un fou rire. Un de ses bras appartenait à la Cydalise; il offrit l'autre à la belle dame, qui me salua d'un petit air moqueur. J'avais servi du moins à faire succéder un sourire à ses larmes.

J'avais quitté la proie pour l'ombre... comme toujours!

IV

PRIMAVERA

En ce temps, je ronsardisais — pour me servir d'un mot de Malherbe. Il s'agissait alors pour nous, jeunes gens, de rehausser la vieille versification française, affaiblie par les langueurs du dix-huitiéme siécle, troublée par les brutalités des novateurs trop ardents; mais il fallait aussi maintenir le droit antérieur de la littérature nationale dans ce qui se rapporte à l'invention et aux formes générales.

Mais, me direz-vous, il faut enfin montrer ces premiers vers, ces *juvenilia.* « Sonnez-moi ces sonnets, » comme disait Dubellay.

Eh bien! étant admise l'étude assidue de ces vieux poëtes, croyez bien que je n'ai nullement cherché à en faire le pastiche, mais que leurs formes de style m'impression-

naient malgré moi, comme il est arrivé à
beaucoup de poëtes de notre temps.

Les *odelettes*, ou petites odes de Ronsard,
m'avaient servi de modèle. C'était encore
une forme classique, imitée par lui d'Ana-
créon, de Bion, et, jusqu'à un certain point,
d'Horace. La force concentrée de l'odelette
ne me paraissait pas moins précieuse à conserver que celle du sonnet, où Ronsard s'est
inspiré si heureusement de Pétrarque, de
même que, dans ses élégies, il a suivi les
traces d'Ovide ; toutefois, Ronsard a été gé-
néralement plutôt grec que latin : c'est là ce
qui distingue son école de celle de Malherbe.

Vous verrez, mon ami, si ces poésies déjà
vieilles ont encore conservé quelque parfum.
— J'en ai écrit de tous les rhythmes, imitant
plus ou moins, comme l'on fait quand on
commence.

L'ode sur les papillons est encore une
coupe à la Ronsard, et cela peut se chanter
sur l'air du cantique de Joseph. Remarquez
une chose, c'est que les odelettes se chantaient et devenaient même populaires, té-
moin cette phrase du *Roman comique* :
« Nous entendîmes la servante, qui, d'une

bouche imprégnée d'ail, chantait l'ode du
vieux Ronsard :

> « Allons de nos voix
> Et de nos luths d'ivoire
> Ravir les esprits ! »

Ce n'était, du reste, que renouvelé des odes
antiques, lesquelles se chantaient aussi. J'a-
vais écrit les premières sans songer à cela,
de sorte qu'elles ne sont nullement lyriques. La dernière : « Où sont nos amoureuses ? » est venue malgré moi, sous forme
de chant ; j'en avais trouvé en même temps
les vers et la mélodie, que j'ai été obligé de
faire noter, et qui a été trouvée très-concor-
dante aux paroles.

ODELETTES

A ARSÈNE HOUSSAYE

AVRIL

Déjà les beaux jours, la poussière,
Un ciel d'azur et de lumière,
Les murs enflammés, les longs soirs ;
Et rien de vert : à peine encore
Un reflet rougeâtre décore
Les grands arbres aux rameaux noirs !

Ce beau temps me pèse et m'ennuie,
Ce n'est qu'après des jours de pluie

Que doit surgir, en un tableau,
Le printemps verdissant et rose;
Comme une nymphe fraîche éclose,
Qui, souriante, sort de l'eau.

FANTAISIE

Il est un air pour qui je donnerais
Tout Rossini, tout Mozart et tout Weber;
Un air très-vieux, languissant et funèbre,
Qui pour moi seul a des charmes secrets.

Or, chaque fois que je viens à l'entendre,
De deux cents ans mon âme rajeunit:
C'est sous Louis treize .. Et je crois voir s'étendre
Un coteau vert que le couchant jaunit,

Puis un château de brique à coins de pierre,
Aux vitraux teints de rougeâtres couleurs,

Ceint de grands parcs, avec une rivière
Baignant ses pieds, qui coule entre des fleurs.

Puis une dame, à sa haute fenêtre,
Blonde aux yeux noirs, en ses habits anciens...
Que, dans une autre existence peut-être,
J'ai déjà vue! — et dont je me souviens!

LA GRAND'MÈRE

Voici trois ans qu'est morte ma grand'mère,
— La bonne femme, — et, quand on l'enterra,
Parents, amis, tout le monde pleura
D'une douleur bien vraie et bien amère.

Moi seul j'errais dans la maison, surpris
Plus que chagrin; et, comme j'étais proche
De son cercueil, — quelqu'un me fit reproche
De voir cela sans larmes et sans cris.

Douleur bruyante est bien vite passée :
Depuis trois ans, d'autres émotions,
Des biens, des maux, — des révolutions, —
Ont dans les cœurs sa mémoire effacée.

Moi seul j'y songe, et la pleure souvent ;
Depuis trois ans, par le temps prenant force,
Ainsi qu'un nom gravé dans une écorce,
Son souvenir se creuse plus avant !

————

LA COUSINE

L'hiver a ses plaisirs ; et souvent, le dimanche,
Quand un peu de soleil jaunit la terre blanche,
Avec une cousine on sort se promener...
— Et ne vous faites pas attendre pour dîner,

Dit la mère. Et quand on a bien, aux Tuileries
Vu sous les arbres noirs les toilettes fleuries,

La jeune fille a froid... et vous fait observer
Que le brouillard du soir commence à se lever.

Et l'on revient, parlant du beau jour qu'on regrette,
Qui s'est passé si vite... et de flamme discrète :
Et l'on sent en rentrant, avec grand appétit,
Du bas de l'escalier, — le dindon qui rôtit.

———

PENSÉE DE BYRON

Par mon amour et ma constance
J'avais cru fléchir ta rigueur,
Et le souffle de l'espérance
Avait pénétré dans mon cœur ;
Mais le temps qu'en vain je prolonge
M'a découvert la vérité,
L'espérance a fui comme un songe...
Et mon amour seul m'est resté !

Il est resté comme un abîme
Entre ma vie et le bonheur,

Comme un mal dont je suis victime,
Comme un poids jeté sur mon cœur!
Dans le chagrin qui me dévore,
Je vois mes beaux jours s'envoler...
Si mon œil étincelle encore
C'est qu'une larme en va couler!

GAIETÉ

Petit *piqueton* de Mareuil,
Plus clairet qu'un vin d'Argenteuil,
Que ta saveur est souveraine!
Les Romains ne t'ont pas compris
Lorsqu'habitant l'ancien Paris
Ils te préféraient le Surêne.

Ta liqueur rose, ô joli vin!
Semble faite du sang divin
De quelque nymphe bocagère;
Tu perles au bord désiré

D'un verre à côtes, coloré
Par les teintes de la fougère.

Tu me guéris pendant l'été
De la soif qu'un vin plus vanté
M'avait laissé depuis la veille * ;
Ton goût suret, mais doux aussi,
Happant mon palais épaissi,
Me rafraîchit quand je m'éveille.

Eh quoi ! si gai dès le matin,
Je foule d'un pied incertain
Le sentier où verdit ton pampre!...
—Et je n'ai pas de Richelet
Pour finir ce docte couplet...
Et trouver une rime en *ampre* **.

————

* Il y a une faute, mais dans le goût *du temps*.
** Richelet. Ampre : pampre — pas de rime.

POLITIQUE

1832

Dans Sainte-Pélagie,
Sous ce règne élargie,
Où, rêveur et pensif,
   Je vis captif,

Pas une herbe ne pousse
Et pas un brin de mousse
Le long des murs grillés
   Et frais taillés.

Oiseau qui fends l'espace...
Et toi, brise, qui passe
Sur l'étroit horizon
   De la prison,

Dans votre vol superbe
Apportez-moi quelque herbe,

Quelque gramen, mouvant
　　Sa tête au vent !

Qu'à mes pieds tourbillonne
Une feuille d'automne
Peinte de cent couleurs
　　Comme les fleurs !

Pour que mon âme triste
Sache encor qu'il existe
Une nature, un Dieu
　　Dehors ce lieu.

Faites-moi cette joie,
Qu'un instant je revoie
Quelque chose de vert
　　Avant l'hiver !

LE POINT NOIR

Quiconque a regardé le soleil fixement
Croit voir devant ses yeux voler obstinément
Autour de lui, dans l'air, une tache livide.

Ainsi tout jeune encore et plus audacieux,
Sur la gloire un instant j'osai fixer les yeux :
Un point noir est resté dans mon regard avide.

Depuis, mêlée à tout comme un signe de deuil,
Partout, sur quelque endroit que s'arrête mon œil,
Je la vois se poser aussi, la tache noire !

Quoi, toujours ? Entre moi sans cesse et le bonheur !
Oh! c'est que l'aigle seul—malheur à nous, malheur!—
Contemple impunément le Soleil et la Gloire.

LES PAPILLONS

I

Le papillon! fleur sans tige,
    Qui voltige,
Que l'on cueille en un réseau;
Dans la nature infinie
    Harmonie
Entre la plante et l'oiseau!...

Quand revient l'été superbe,
Je m'en vais au bois tout seul :
Je m'étends dans la grande herbe,
    Perdu dans ce vert linceul.
Sur ma tête renversée,
Là, chacun d'eux à son tour,
Passe, comme une pensée
De poésie ou d'amour!

Voici le papillon *Faune*,
    Noir et jaune :

Voici le *Mars* azuré,
Agitant des étincelles
    Sur ses ailes,
D'un velours riche et moiré.

Voici le *Vulcain* rapide,
Qui vole comme un oiseau :
Son aile noire et splendide
Porte un grand ruban ponceau.
Dieux ! le *Soufré*, dans l'espace,
Comme un éclair a relui...
Mais le joyeux *Nacré* passe,
Et je ne vois plus que lui !

II

Comme un éventail de soie
    Il déploie
Son manteau semé d'argent ;
Et sa robe bigarrée
    Est dorée
D'un or verdâtre et changeant.

Voici le *Machaon-Zèbre*,
De fauve et de noir rayé;
Le *Deuil*, en habit funèbre,
Et le *Miroir* bleu strié:
Voici l'*Argus*, feuille-morte,
Le *Morio*, le *Grand-Bleu*,
Et le *Paon-de-jour* qui porte
Sur chaque aile un œil de feu!

Mais le soir brunit nos plaines;
  Les *Phalènes*
Prennent leur essor bruyant,
Et les *Sphinx* aux couleurs sombres
  Dans les ombres
Voltigent en tournoyant.

C'est le *Grand-Paon*, à l'œil rose
Dessiné sur un fond gris,
Qui ne vole qu'à nuit close,
Comme les chauves-souris:
Le *Bombice* du troène,
Rayé de jaune et de vert,

Et le papillon du chêne,
Qui ne meurt pas en hiver!...

III

Malheur, papillons que j'aime,
    Doux emblème,
A vous pour votre beauté!...
Un doigt de votre corsage,
    Au passage,
Froisse, hélas! le velouté!...

Une toute jeune fille,
Au cœur tendre, au doux souris,
Perçant vos cœurs d'une aiguille,
Vous contemple, l'œil surpris :
Et vos pattes sont coupées
Par l'ongle blanc qui les mord,
Et vos antennes crispées
Dans les douleurs de la mort!. .

NI BONJOUR, NI BONSOIR

Sur un air grec

Νὴ καλιμέρα, νὴ ωρα καλὶ.

Le matin n'est plus! le soir pas encore :
Pourtant de nos yeux l'éclair a pâli.

Νὴ καλιμέρα, νὴ ωρα καλὶ.

Mais le soir vermeil ressemble à l'aurore,
Et la nuit, plus tard, amène l'oubli!

———

LES CYDALISES

Où sont nos amoureuses?
Elles sont au tombeau :
Elles sont plus heureuses
Dans un séjour plus beau!

Elles sont près des anges,
Dans le fond du ciel bleu,
Et chantent les louanges
De la Mère de Dieu !

O blanche fiancée !
O jeune vierge en fleur !
Amante délaissée,
Que flétrit la douleur :

L'éternité profonde
Souriait dans vos yeux...
Flambeaux éteints du monde
Rallumez-vous aux cieux !

———————————

SECOND CHATEAU

Celui-là fut un château d'Espagne, con-
struit avec des châssis, des *fermes* et des pra-
ticables... Vous en dirai-je la radieuse histoire, poétique et lyrique à la fois? Revenons
d'abord au rendez-vous donné par Dumas, et
qui m'en avait fait manquer un autre.

J'avais écrit avec tout le feu de la jeunesse
un scenario fort compliqué, qui parut faire
plaisir à Meyerbeer. J'emportai avec effusion
l'espérance qu'il me donnait, seulement un

autre opéra, les *Frères Corses*, lui était
déjà destiné par Dumas, et le mien n'avait
qu'un avenir assez lointain. J'en avais écrit
un acte lorsque j'apprends, tout d'un coup,
que le traité fait entre le grand poëte et le
grand compositeur se trouve rompu, je ne
sais pourquoi. — Dumas partait pour son
voyage de la Méditerranée, Meyerbeer avait
déjà repris la route de l'Allemagne. La pauvre *Reine de Saba*, abandonnée de tous, est
devenue depuis un simple conte oriental qui
fait partie des *Nuits du Rhamazan*.

C'est ainsi que la poésie tomba dans la
prose et mon château théâtral dans le *troisième* dessous. — Toutefois, les idées scéni-
ques et lyriques s'étaient éveillées en moi,
j'écrivis en prose un acte d'opéra-comique,
me réservant d'y intercaler, plus tard, des
morceaux. Je viens d'en retrouver le ma-
nuscrit primitif, qui n'a jamais tenté les musiciens auxquels je l'ai soumis. Ce n'est
donc qu'un simple proverbe que je n'insère
ici qu'à titre d'épisode de ces petits mémoi-
res littéraires.

CORILLA

FABIO. — MARCELLI. — MAZETTO, garçon de théâtre. CORILLA, prima dona.

Le boulevard de Sainte-Lucie, près de l'Opéra, à Naples.

FABIO, MAZETTO.

FABIO. — Si tu me trompes, Mazetto, c'est un triste métier que tu fais là...

MAZETTO. — Le métier n'en est pas meilleur ; mais je vous sers fidèlement. Elle viendra ce soir, vous dis-je ; elle a reçu vos lettres et vos bouquets.

FABIO. — Et la chaîne d'or, et l'agrafe de pierres fines ?

MAZETTO. — Vous ne devez pas douter qu'elles ne lui soient parvenues aussi, et vous les reconnaîtrez peut-être à son cou et à sa ceinture ; seulement, la façon de ces bijoux est si moderne, qu'elle n'a trouvé encore aucun rôle où elle pût les porter comme faisant partie de son costume.

FABIO. — Mais, m'a-t-elle vu seulement ? m'a-t-elle remarqué à la place où je suis assis tous les soirs pour l'admirer et l'applaudir, et puis-je penser que mes présents ne seront pas la seule cause de sa démarche ?

MAZETTO. — Fi, monsieur ! ce que vous avez donné n'est rien pour une personne de cette volée ; et, dès que vous vous connaîtrez mieux, elle vous répondra par quelque portrait entouré de perles qui vaudra le double. Il en est de même des dix ducats que vous m'avez remis déjà, et des vingt autres que vous m'avez promis dès que vous aurez l'assurance de votre premier rendez-vous ; ce n'est qu'argent prêté, je vous l'ai dit, et ils vous reviendront un jour avec de gros intérêts.

FABIO. — Va, je n'en attends rien.

MAZETTO. — Non, monsieur, il faut que vous sachiez à quels gens vous avez affaire, et que, loin de vous ruiner, vous êtes ici sur le vrai chemin de votre fortune; veuillez donc me compter la somme convenue, car je suis forcé de me rendre au théâtre pour y remplir mes fonctions de chaque soir.

FABIO. — Mais pourquoi n'a-t-elle pas fait de réponse, et n'a-t-elle pas marqué de rendez-vous?

MAZETTO. — Parce que, ne vous ayant encore vu que de loin, c'est-à-dire de la scène aux loges, comme vous ne l'avez vue vous-même que des loges à la scène, elle veut connaître avant tout votre tenue et vos manières, entendez-vous? votre son de voix, que sais-je! Voudriez-vous que la première cantatrice de San-Carlo acceptât les hommages du premier venu sans plus d'information?

FABIO. — Mais l'oserai-je aborder seulement? et dois-je m'exposer, sur ta parole, à l'affront d'être rebuté, ou d'avoir, à ses yeux, la mine d'un galant de carrefour?

MAZETTO. — Je vous répète que vous n'avez

rien à faire qu'à vous promener le long
de ce quai, presque désert à cette heure ; elle
passera, cachant son visage baissé sous la
frange de sa mantille ; elle vous adressera la
parole elle-même, et vous indiquera un rendez-vous pour ce soir, car l'endroit est peu
propre à une conversation suivie. Serez-
vous content ?

FABIO. — O Mazetto ! si tu dis vrai, tu me
sauves la vie !

MAZETTO. — Et, par reconnaissance, vous
me prêtez les vingt louis convenus.

FABIO. — Tu les recevras quand je lui au-
rai parlé.

MAZETTO. — Vous êtes méfiant ; mais votre amour m'intéresse, et je l'aurais servi
par pure amitié, si je n'avais à nourrir ma
famille. Tenez-vous là comme rêvant en
vous-même et composant quelque sonnet ;
je vais rôder aux environs pour prévenir
toute surprise.

(Il sort.)

FABIO, seul.

Je vais la voir ! la voir pour la première
fois à la lumière du ciel, entendre, pour la
première fois, des paroles qu'elle aura pen-
sées ! Un mot d'elle va réaliser mon rêve, ou
le faire envoler pour toujours ! Ah ! j'ai peur
de risquer ici plus que je ne puis gagner ;
ma passion était grande et pure, et rasait le
monde sans le toucher, elle n'habitait que
des palais radieux et des rives enchantées ;
la voici ramenée à la terre et contrainte à
cheminer comme toutes les autres. Ainsi
que Pygmalion, j'adorais la forme extérieure
d'une femme ; seulement la statue se mou-
vait tous les soirs sous mes yeux avec une
grâce divine, et, de sa bouche, il ne tom-
bait que des perles de mélodie. Et maintenant voici qu'elle descend à moi. Mais l'a-
mour qui a fait ce miracle est un honteux
valet de comédie, et le rayon qui fait vivre
pour moi cette idole adorée est de ceux que
Jupiter versait au sein de Danaé !... Elle
vient, c'est bien elle ; oh ! le cœur me man-

que, et je serais tenté de m'enfuir si elle ne m'avait aperçu déjà !

FABIO, UNE DAME en mantille.

LA DAME, *passant près de lui.* — Seigneur cavalier, donnez-moi le bras, je vous prie, de peur qu'on ne nous observe, et marchons naturellement. Vous m'avez écrit...

FABIO. — Et je n'ai reçu de vous aucune réponse...

LA DAME. — Tiendriez-vous plus à mon écriture qu'à mes paroles ?

FABIO. — Votre bouche ou votre main m'en voudrait si j'osais choisir.

LA DAME. — Que l'une soit le garant de l'autre : vos lettres m'ont touchée, et je consens à l'entrevue que vous me demandez. Vous savez pourquoi je ne puis vous recevoir chez moi ?

FABIO. — On me l'a dit.

LA DAME. — Je suis très-entourée, très-gênée dans toutes mes démarches. Ce soir, à cinq heures de la nuit, attendez-moi au rond-point de la Villa-Reale, j'y viendrai sous un déguisement, et nous pourrons avoir quelques instants d'entretien.

FABIO. — J'y serai.

LA DAME. — Maintenant, quittez mon bras, et ne me suivez pas, je me rends au théâtre. Ne paraissez pas dans la salle ce soir... Soyez discret et confiant. (*Elle sort.*)

FABIO, *seul.* — C'était bien elle!... En me quittant, elle s'est toute révélée dans un mouvement, comme la Vénus de Virgile. J'avais à peine reconnu son visage, et pourtant l'éclair de ses yeux me traversait le cœur, de même qu'au théâtre, lorsque son regard vient croiser le mien dans la foule. Sa voix ne perd pas de son charme en prononçant de simples paroles; et, cependant, je croyais jusqu'ici qu'elle ne devait avoir que le chant, comme les oiseaux! Mais ce qu'elle m'a dit vaut tous les vers de Métastase, et ce timbre si pur, et cet accent si doux, n'empruntent rien pour séduire aux mélodies de Paesiello ou de Cimarosa. Ah! toutes ces héroïnes que j'adorais en elle, Sophonisbe, Alcime, Herminie, et même cette blonde Molinara, qu'elle joue à ravir avec des habits moins splendides, je les voyais toutes enfermées à la fois sous cette mantille coquette, sous cette coiffe de satin..., Encore Mazetto !

FABIO, MAZETTO.

MAZETTO. — Eh bien! seigneur, suis-je un fourbe, un homme sans parole, un homme sans honneur?

FABIO. — Tu es le plus vertueux des mortels! Mais, tiens, prends cette bourse, et laisse-moi seul.

MAZETTO. — Vous avez l'air contrarié.

FABIO. — C'est que le bonheur me rend triste; il me force à penser au malheur qui le suit toujours de près.

MAZETTO. — Peut-être avez-vous besoin de votre argent pour jouer au lansquenet cette nuit? Je puis vous le rendre, et même vous en prêter d'autre.

FABIO. — Cela n'est point nécessaire. Adieu.

MAZETTO. — Prenez garde à la *jettatura*, seigneur Fabio! (*Il sort.*)

FABIO, seul.

Je suis fatigué de voir la tête de ce coquin faire ombre sur mon amour; mais, Dieu merci, ce messager va me devenir inutile. Qu'a-t-il fait, d'ailleurs, que de remettre adroitement mes billets et mes fleurs, qu'on avait longtemps repoussés? Allons, allons, l'affaire a été habilement conduite et touche à son dénoûment... Mais pourquoi suis-je donc si morose ce soir, moi qui devrais nager dans la joie et frapper ces dalles d'un pied triomphant? N'a-t-elle pas cédé un peu vite, et surtout depuis l'envoi de mes présents?... Bon, je vois les choses trop en noir, et je ne devrais songer plutôt qu'à préparer ma rhétorique amoureuse. Il est clair que nous ne nous contenterons pas de causer amoureusement sous les arbres, et que je parviendrai bien à l'emmener souper dans quelque hôtellerie de Chiaia; mais il faudra être brillant, passionné, fou d'amour, monter ma conversa-

tion au ton de mon style, réaliser l'idéal
que lui ont présenté mes lettres et mes
vers... et c'est à quoi je ne me sens nulle
chaleur et nulle énergie... J'ai envie d'aller
me remonter l'imagination avec quelques
verres de vin d'Espagne.

FABIO, MARCELLI.

MARCELLI. — C'est un triste moyen, seigneur Fabio ; le vin est le plus traître des
compagnons ; il vous prend dans un palais
et vous laisse dans un ruisseau.

FABIO. — Ah ! c'est vous, seigneur Marcelli ; vous m'écoutiez ?

MARCELLI. — Non, mais je vous enten-
dais.

FABIO. — Ai-je rien dit qui vous ait dé-
plu ?

MARCELLI. — Au contraire ; vous vous di-
siez triste et vous vouliez boire, c'est tout
ce que j'ai surpris de votre monologue. Moi,
je suis plus gai qu'on ne peut dire. Je mar-
che le long de ce quai comme un oiseau ; je

pense à des choses folles, je ne puis demeurer en place, et j'ai peur de me fatiguer. Tenons-nous compagnie l'un à l'autre un instant; je vaux bien une bouteille pour l'ivresse, et cependant je ne suis rempli que de joie; j'ai besoin de m'épancher comme un flacon de sillery, et je veux jeter dans votre oreille un secret étourdissant.

FABIO. — De grâce, choisissez un confident moins préoccupé de ses propres affaires. J'ai la tête prise, mon cher; je ne suis bon à rien ce soir, et, eussiez-vous à me confier que le roi Midas a des oreilles d'âne, je vous jure que je serais incapable de m'en souvenir demain pour le répéter.

MARCELLI. — Et c'est ce qu'il me faut, vrai Dieu! un confident muet comme une tombe.

FABIO. — Bon! ne sais-je pas vos façons?... Vous voulez publier une bonne fortune, et vous m'avez choisi pour le héraut de votre gloire.

MARCELLI. — Au contraire, je veux prévenir une indiscrétion, en vous confiant bénévolement certaines choses que vous n'avez pas manqué de soupçonner.

FABIO. — Je ne sais ce que vous voulez dire.

MARCELLI. — On ne garde pas un secret surpris, au lieu qu'une confidence engage.

FABIO. — Mais je ne soupçonne rien qui vous puisse concerner.

MARCELLI. — Il convient alors que je vous dise tout.

FABIO. — Vous n'allez donc pas au théâtre?

MARCELLI. — Non, pas ce soir; et vous?

FABIO. — Moi, j'ai quelque affaire en tête, j'ai besoin de me promener seul.

MARCELLI. — Je gage que vous composez un opéra?

FABIO. — Vous avez deviné.

MARCELLI. — Et qui s'y tromperait? Vous ne manquez pas une seule des représentations de San-Carlo; vous arrivez dès l'ouverture, ce que ne fait aucune personne du bel air; vous ne vous retirez pas au milieu du dernier acte, et vous restez seul dans la salle avec le public du parquet. Il est clair que vous étudiez votre art avec soin et persévérance. Mais une seule chose m'inquiète: êtes-vous poëte ou musicien?

FABIO. — L'un et l'autre.

MARCELLI. — Pour moi, je ne suis qu'amateur et n'ai fait que des chansonnettes. Vous savez donc très-bien que mon assiduité dans cette salle, où nous nous rencontrons continuellement depuis quelques semaines, ne peut avoir d'autre motif qu'une intrigue amoureuse...

FABIO. — Dont je n'ai nulle envie d'être informé.

MARCELLI. — Oh ! vous ne m'échapperez point par ces faux-fuyants, et ce n'est que quand vous saurez tout que je me croirai certain du mystère dont mon amour a besoin.

FABIO. — Il s'agit donc de quelque actrice... de la Borsella ?

MARCELLI. — Non, de la nouvelle cantatrice espagnole, de la divine Corilla !... Par Bacchus ! vous avez bien remarqué les furieux clins d'œil que nous nous lançons ?

FABIO, *avec humeur*. — Jamais !

MARCELLI. — Les signes convenus entre nous à de certains instants où l'attention du public se porte ailleurs?

FABIO. — Je n'ai rien vu de pareil.

MARCELLI. — Quoi! vous êtes distrait à
ce point? J'ai donc eu tort de vous croire
informé d'une partie de mon secret ; mais
la confidence étant commencée...

FABIO, *vivement*. — Oui, certes! vous me
voyez maintenant curieux d'en connaître la
fin.

MARCELLI. — Peut-être n'avez-vous jamais
fait grande attention à la signora Corilla ?
Vous êtes plus occupé, n'est-ce pas, de sa
voix que de sa figure ? Eh bien ! regardez-la,
elle est charmante !

FABIO. — J'en conviens.

MARCELLI. — Une blonde d'Italie ou d'Espagne, c'est toujours une espèce de beauté
fort singulière et qui a du prix par sa ra-
reté.

FABIO. — C'est également mon avis.

MARCELLI. — Ne trouvez-vous pas qu'elle
ressemble à la Judith de Caravagio, qui est
dans le Musée royal ?

FABIO. — Eh! monsieur, finissez. En
deux mots, vous êtes son amant, n'est-ce
pas ?

MARCELLI. — Pardon ; je ne suis encore
que son amoureux.

FABIO. — Vous m'étonnez.

MARCELLI. — Je dois vous dire qu'elle est fort sévère.

FABIO. — On le prétend.

MARCELLI. — Que c'est une tigresse, une Bradamante...

FABIO. — Une Alcimadure.

MARCELLI. — Sa porte demeurant fermée à mes bouquets, sa fenêtre à mes sérénades, j'en ai conclu qu'elle avait des raisons pour être insensible... chez elle, mais que sa vertu devait tenir pied moins solidement sur les planches d'une scène d'opéra... Je sondai le terrain, j'appris qu'un certain drôle nommé Mazetto avait accès près d'elle, en raison de son service au théâtre...

FABIO. — Vous confiâtes vos fleurs et vos billets à ce coquin.

MARCELLI. — Vous le saviez donc?

FABIO. — Et aussi quelques présents qu'il vous conseilla de faire.

MARCELLI. — Ne disais-je pas bien que vous étiez informé de tout?

FABIO. — Vous n'avez pas reçu de lettres d'elle?

MARCELLI. — Aucune.

FABIO. — Il serait trop singulier que la dame elle-même, passant près de vous dans la rue, vous eût, à voix basse, indiqué un rendez-vous...

MARCELLI. — Vous êtes le diable, ou moi-même !

FABIO. — Pour demain ?

MARCELLI. — Non, pour aujourd'hui.

FABIO. — A cinq heures de la nuit ?

MARCELLI. — A cinq heures.

FABIO. — Alors, c'est au rond-point de la Villa-Reale ?

MARCELLI. — Non ! devant les bains de Neptune.

FABIO. — Je n'y comprends plus rien.

MARCELLI. — Pardieu ! vous voulez tout deviner, tout savoir mieux que moi. C'est particulier. Maintenant que j'ai tout dit, il est de votre honneur d'être discret.

FABIO. — Bien. Écoutez-moi, mon ami... nous sommes joués l'un ou l'autre.

MARCELLI. — Que dites-vous ?

FABIO. — Ou l'un et l'autre, si vous voulez. Nous avons rendez-vous de la même personne, à la même heure : vous, devant les bains de Neptune ; moi, à la Villa-Reale !

MARCELLI. — Je n'ai pas le temps d'être stupéfait ; mais je vous demande raison de cette lourde plaisanterie.

FABIO. — Si c'est la raison qui vous manque, je ne me charge pas de vous en donner ; si c'est un coup d'épée qu'il vous faut, dégainez la vôtre.

MARCELLI. — Je fais une réflexion : vous avez sur moi tout avantage en ce moment.

FABIO. — Vous en convenez ?

MARCELLI. — Pardieu ! vous êtes un amant malheureux, c'est clair ; vous alliez vous jeter du haut de cette rampe, ou vous pendre aux branches de ces tilleuls, si je ne vous eusse rencontré. Moi, au contraire, je suis reçu, favorisé, presque vainqueur ; je soupe ce soir avec l'objet de mes vœux. Je vous rendrais service en vous tuant ; mais, si c'est moi qui suis tué, vous conviendrez qu'il serait dommage que ce fût avant, et non après. Les choses ne sont pas égales ; remettons l'affaire à demain.

FABIO. — Je fais exactement la même réflexion que vous, et pourrais vous répéter vos propres paroles. Ainsi, je consens à ne

8

vous punir que demain de votre folle vanterie. Je ne vous croyais qu'indiscret.

MARCELLI. — Bon! séparons-nous sans un mot de plus. Je ne veux point vous contraindre à des aveux humiliants, ni compromettre davantage une dame qui n'a pour moi que des bontés. Je compte sur votre réserve et vous donnerai demain matin des nouvelles de ma soirée.

FABIO. — Je vous en promets autant; mais ensuite nous ferraillerons de bon cœur. A demain donc.

MARCELLI. — A demain, seigneur Fabio.

FABIO, seul.

Je ne sais quelle inquiétude m'a porté à le suivre de loin, au lieu d'aller de mon côté. Retournons! (*Il fait quelques pas.*) Il est impossible de porter plus loin l'assurance, mais aussi ne pouvait-il guère revenir sur sa prétention et me confesser son mensonge. Voilà de nos jeunes fous à la mode; rien ne leur fait obstacle, ils sont les vainqueurs et les préférés de toutes les femmes, et la liste de don Juan ne leur coûterait que la peine de l'écrire. Certainement, d'ailleurs, si cette beauté nous trompait l'un pour l'autre, ce ne serait pas à la même heure. Allons, je crois que l'instant approche, et que je ferais bien de me diriger du côté de la Villa-Reale, qui doit être déjà débarrassée de ses promeneurs et rendue à la solitude. Mais en vérité n'aperçois-je pas là-bas Marcelli qui donne le bras à une femme?... Je suis fou véritablement; si c'est lui, ce ne peut être elle... Que faire? Si je vais de leur côté, je manque l'heure de mon rendez-vous... et, si je n'éclaircis pas le soupçon qui me vient, je risque, en me rendant là-bas, de jouer le rôle d'un sot. C'est là une cruelle incertitude. L'heure se passe, je vais et reviens, et ma position est la plus bizarre du monde. Pourquoi faut-il que j'aie rencontré cet étourdi, qui s'est joué de moi peut-être? Il aura su mon amour par Mazetto, et tout ce qu'il m'est venu conter tient à quelque obscure fourberie que je saurai bien démêler.

— Décidément, je prends mon parti, jé cours à la Villa-Reale. (*Il revient.*) Sur mon âme, ils approchent ; c'est la même mantille garnie de longues dentelles ; c'est la même robe de soie grise... en deux pas ils vont être ici. Oh ! si c'est elle, si je suis trompé... je n'attendrai pas à demain pour me venger de tous les deux !... Que vais-je faire ? un éclat ridicule... retirons-nous derrière ce treillis pour mieux nous assurer que ce sont bien eux-mêmes.

FABIO, caché ; MARCELLI ; la signora CORILLA, lui donnant le bras.

MARCELLI. — Oui, belle dame, vous voyez jusqu'où va la suffisance de certaines gens. Il y a par la ville un cavalier qui se vante d'avoir aussi obtenu de vous une entrevue pour ce soir. Et, si je n'étais sûr de vous avoir maintenant à mon bras, fidèle à une douce promesse trop longtemps différée...

CORILLA. — Allons, vous plaisantez, sei-

gneur Marcelli. Et ce cavalier si avanta-
geux... le connaissez-vous ?

MARCELLI. — C'est à moi justement qu'il
a fait des confidences...

FABIO, *se montrant*. — Vous vous trom-
pez, seigneur, c'est vous qui me faisiez les
vôtres... Madame, il est inutile d'aller plus
loin ; je suis décidé à ne point supporter un
pareil manége de coquetterie. Le seigneur
Marcelli peut vous reconduire chez vous,
puisque vous lui avez donné le bras ; mais
ensuite, qu'il se souvienne bien que je l'attends, moi.

MARCELLI. — Écoutez, mon cher, tâchez,
dans cette affaire-ci, de n'être que ridicule.

FABIO. — Ridicule, dites-vous ?

MARCELLI. — Je le dis. S'il vous plaît de
faire du bruit, attendez que le jour se lève ;
je ne me bats pas sous les lanternes, et je
ne me soucie point de me faire arrêter par
la garde de nuit.

CORILLA. — Cet homme est fou ; ne le
voyez-vous pas ? Éloignons-nous.

FABIO. — Ah ! madame ! il suffit... ne bri-
sez pas entièrement cette belle image que je
portais pure et sainte au fond de mon cœur.

Hélas ! content de vous aimer de loin, de vous écrire... j'avais peu d'espérance, et je demandais moins que vous ne m'avez promis !

CORILLA. — Vous m'avez écrit ? à moi !...

MARCELLI. —Eh! qu'importe? ce n'est pas ici le lieu d'une telle explication...

CORILLA. — Et que vous ai-je promis, monsieur ?... je ne vous connais pas et ne vous ai jamais parlé.

MARCELLI. — Bon ! quand vous lui auriez dit quelques paroles en l'air, le grand mal ! Pensez-vous que mon amour s'en inquiète ?

CORILLA. — Mais quelle idée avez-vous aussi, seigneur ? Puisque les choses sont allées si loin, je veux que tout s'explique à l'instant. Ce cavalier croit avoir à se plaindre de moi : qu'il parle et qu'il se nomme avant tout ; car j'ignore ce qu'il est et ce qu'il veut.

FABIO. — Rassurez-vous, madame ! j'ai honte d'avoir fait cet éclat et d'avoir cédé à un premier mouvement de surprise. Vous m'accusez d'imposture, et votre belle bouche ne peut mentir. Vous l'avez dit, je suis fou, j'ai rêvé. Ici même, il y a une heure, quelque chose comme votre fantôme passait, m'adressait de douces paroles et promettait de revenir... Il y avait de la magie, sans doute, et cependant tous les détails restent présents à ma pensée. J'étais là, je venais de voir le soleil se coucher derrière le Pausilippe, en jetant sur Ischia le bord de son manteau rougeâtre; la mer noircissait dans le golfe, et les voiles blanches se hâtaient vers la terre comme des colombes attardées... Vous voyez, je suis un triste rêveur, mes lettres ont dû vous l'apprendre, mais vous n'entendrez plus parler de moi, je le jure, et vous dis adieu.

CORILLA. — Vos lettres... Tenez, tout cela a l'air d'un imbroglio de comédie, permettez-moi de ne m'y point arrêter davantage ; seigneur Marcelli, veuillez reprendre mon bras et me reconduire en toute hâte chez moi. (*Fabio salue et s'éloigne.*)

MARCELLI. — Chez vous, madame ?

CORILLA. — Oui, cette scène m'a bouleversée !... Vit-on jamais rien de plus bizarre? Si la place du Palais n'est pas encore déserte, nous trouverons bien une chaise, ou tout au moins un falot. Voici justement les valets

du théâtre qui sortent ; appelez un d'entre
eux...

MARCELLI. — Holà ! quelqu'un ! par ici...
Mais, en vérité, vous sentez-vous malade ?

CORILLA. — A ne pouvoir marcher plus
loin...

FABIO, MAZETTO, LES PRÉCÉDENTS.

FABIO, *entraînant Mazetto.* — Tenez, c'est
le ciel qui nous l'amène ; voilà le traître qui
s'est joué de moi.

MARCELLI. — C'est Mazetto ! le plus grand
fripon des Deux-Siciles. Quoi ! c'était aussi
votre messager ?

MAZETTO. — Au diable ! vous m'étouffez.

FABIO. — Tu vas nous expliquer...

MAZETTO. — Et que faites-vous ici, seigneur ? je vous croyais en bonne fortune ?

FABIO. — C'est la tienne qui ne vaut rien.
Tu vas mourir si tu ne confesses pas toute ta
fourberie.

MARCELLI. — Attendez, seigneur Fabio,
j'ai aussi des droits à faire valoir sur ses
épaules. A nous deux, maintenant.

MAZETTO. — Messieurs, si vous voulez que je comprenne, ne frappez pas tous les deux à la fois. De quoi s'agit-il?

FABIO. — Et de quoi peut-il être question, misérable? Mes lettres, qu'en as-tu fait?

MARCELLI. — Et de quelle façon as-tu compromis l'honneur de la signora Corilla?

MAZETTO. — Messieurs, l'on pourrait nous entendre.

MARCELLI. — Il n'y a ici que la signora elle-même et nous deux, c'est-à-dire deux hommes qui vont s'entre-tuer demain à cause d'elle ou à cause de toi.

MAZETTO. — Permettez : ceci dès lors est grave, et mon humanité me défend de dissimuler davantage...

FABIO. — Parle.

MAZETTO. — Au moins, remettez vos épées.

FABIO. — Alors nous prendrons des bâtons.

MARCELLI. — Non; nous devons le ménager s'il dit la vérité tout entière, mais à ce prix-là seulement.

CORILLA. — Son insolence m'indigne au dernier point.

MARCELLI. — Le faut-il assommer avant qu'il ait parlé?

CORILLA. — Non ; je veux tout savoir, et que, dans une si noire aventure, il ne reste du moins aucun doute sur ma loyauté.

MAZETTO. — Ma confession est votre panégyrique, madame ; tout Naples connaît l'austérité de votre vie. Or, le seigneur Marcelli, que voilà, était passionnément épris de vous ; il allait jusqu'à promettre de vous offrir son nom si vous vouliez quitter le théâtre ; mais il fallait qu'il pût du moins mettre à vos genoux l'hommage de son cœur, je ne dis pas de sa fortune ; mais vous en avez bien pour deux, on le sait, et lui aussi.

MARCELLI. — Faquin !...

FABIO. — Laissez-le finir.

MAZETTO. — La délicatesse du motif m'engagea dans son parti. Comme valet du théâtre, il m'était aisé de mettre ses billets sur votre toilette. Les premiers furent brûlés ; d'autres, laissés ouverts, reçurent un meilleur accueil. Le dernier vous décida à accorder un rendez-vous au seigneur Marcelli, lequel m'en a fort bien récompensé !...

MARCELLI. — Mais qui te demande tout ce récit ?

FABIO. — Et moi, traître ! âme à double

face! comment m'as-tu servi? Mes lettres,
les as-tu remises? Quelle est cette femme
voilée que tu m'as envoyée tantôt, et que
tu m'as dit être la signora Corilla elle-
même?

MAZETTO. — Ah! seigneurs, qu'eussiez-
vous dit de moi et quelle idée madame en
eût-elle pu concevoir, si je lui avais remis
des lettres de deux écritures différentes et
des bouquets de deux amoureux? Il faut de
l'ordre en toute chose, et je respecte trop
madame pour lui avoir supposé la fantaisie
de mener de front deux amours. Cependant
le désespoir du seigneur Fabio, à mon premier refus de le servir, m'avait singulière-
ment touché. Je le laissai d'abord épancher
sa verve en lettres et en sonnets que je fei-
gnis de remettre à la signora, supposant que
son amour pourrait bien être de ceux qui vien-
nent si fréquemment se brûler les ailes aux
flammes de la rampe; passions d'écoliers et
de poëtes, comme nous en voyons tant...
Mais c'était plus sérieux, car la bourse du
seigneur Fabio s'épuisait à fléchir ma réso-
lution vertueuse...

MARCELLI. — En voilà assez! Signora,

nous n'avons point affaire, n'est-ce pas, de ces divagations...*

CORILLA. — Laissez-le dire, rien ne nous presse, monsieur.

MAZETTO. — Enfin, j'imaginai que le seigneur Fabio étant épris par les yeux seulement, puisqu'il n'avait jamais pu réussir à s'approcher de madame et n'avait jamais entendu sa voix qu'en musique, il suffirait de lui procurer la satisfaction d'un entretien avec quelque créature de la taille et de l'air de la signora Corilla... Il faut dire que j'avais déjà remarqué une petite bouquetière qui vend ses fleurs le long de la rue de Tolède ou devant les cafés de la place du Môle. Quelquefois elle s'arrête un instant, et chante des chansonnettes espagnoles avec une voix d'un timbre fort clair...

MARCELLI. — Une bouquetière qui ressemble à la signora; allons donc! ne l'aurais-je point aussi remarquée?

MAZETTO. — Seigneur, elle arrive tout fraîchement par le galion de Sicile, et porte encore le costume de son pays.

CORILLA. — Cela n'est pas vraisemblable, assurément.

MAZETTO. — Demandez au seigneur Fabio si, le costume aidant, il n'a pas cru tantôt voir passer madame elle-même ?

FABIO. — Eh bien ! cette femme...

MAZETTO. — Cette femme, seigneur, est celle qui vous attend à la Villa-Reale, ou plutôt qui ne vous attend plus, l'heure étant de beaucoup passée.

FABIO. — Peut-on imaginer une plus noire complication d'intrigues ?

MARCELLI. — Mais non ; l'aventure est plaisante. Et, voyez, la signora elle-même ne peut s'empêcher d'en rire... Allons, beau cavalier, séparons-nous sans rancune, et corrigez-moi ce drôle d'importance... Ou plutôt, tenez, profitez de son idée : la nuée qu'embrassait Ixion valait bien pour lui la divinité dont elle était l'image, et je vous crois assez poëte pour vous soucier peu des réalités. — Bonsoir, seigneur Fabio !

FABIO, MAZETTO.

FABIO, *à lui-même*. — Elle était là ! et pas un mot de pitié, pas un signe d'attention !

Elle assistait, froide et morne, à ce débat qui me couvrait de ridicule, et elle est partie dédaigneusement sans dire une parole, riant seulement, sans doute, de ma maladresse et de ma simplicité !... Oh ! tu peux te retirer, va, pauvre diable si inventif, je ne maudis plus ma mauvaise étoile, et je vais rêver le long de la mer à mon infortune, car je n'ai plus même l'énergie d'être furieux.

MAZETTO. — Seigneur, vous feriez bien d'aller rêver du côté de la Villa-Reale. La bouquetière vous attend peut-être encore...

FABIO, seul.

En vérité, j'aurais été curieux de rencontrer cette créature et de la traiter comme elle le mérite. Quelle femme est-ce donc que celle qui se prête à une telle manœuvre? Est-ce une niaise enfant à qui l'on fait la leçon, ou quelque effrontée qu'on n'a eu que la peine de payer et de mettre en campagne? Mais il faut l'âme d'un plat valet pour m'avoir jugé digne de donner dans ce piége un instant. Et pourtant elle ressemble à celle que j'aime... et moi-même quand je la rencontrai voilée, je crus reconnaître et sa démarche et le son, si pur de sa voix... Allons, il est bientôt six heures de nuit, les derniers promeneurs s'éloignent vers Sainte-Lucie et vers Chiaia, et les terrasses des maisons se garnissent de monde... A l'heure qu'il est, Marcelli soupe gaiement avec sa conquête facile. Les femmes n'ont d'amour que pour ces débauchés sans cœur.

FABIO, UNE BOUQUETIÈRE.

FABIO. — Que me veux-tu, petite?

LA BOUQUETIÈRE. — Seigneur, je vends des roses, je vends des fleurs du printemps. Voulez-vous acheter tout ce qui me reste pour parer la chambre de votre amoureuse? On va bientôt fermer le jardin, et je ne puis remporter

cela chez mon père; je serais battue. Prenez
le tout pour trois carlins.

FABIO. — Crois-tu donc que je sois attendu ce soir, et me trouves-tu la mine d'un
amant favorisé?

LA BOUQUETIÈRE. — Venez ici à la lumière.
Vous m'avez l'air d'un beau cavalier, et, si
vous n'êtes pas attendu, c'est que vous attendez... Ah! mon Dieu!

FABIO. — Qu'as-tu, ma petite? Mais vraiment, cette figure... Ah! je comprends tout
maintenant: tu es la fausse Corilla!... A ton
âge, mon enfant, tu entames un vilain métier!

LA BOUQUETIÈRE. — En vérité, seigneur,
je suis une honnête fille, et vous allez me
mieux juger. On m'a déguisée en grande dame,
on m'a fait apprendre des mots par cœur;
mais, quand j'ai vu que c'était une comédie
pour tromper un honnête gentilhomme, je
me suis échappée et j'ai repris mes habits de
pauvre fille, et je suis allée, comme tous les
soirs, vendre mes fleurs sur la place du
Môle et dans les allées du jardin royal.

FABIO. — Cela est-il bien vrai?

LA BOUQUETIÈRE. — Si vrai, que je vous

dis adieu, seigneur ; et puisque vous ne voulez pas de mes fleurs, je les jetterai dans la mer en passant ; demain elles seraient fanées.

FABIO. — Pauvre fille, cet habit te sied mieux que l'autre, et je te conseille de ne plus le quitter. Tu es, toi, la fleur sauvage des champs ; mais qui pourrait se tromper entre vous deux ? Tu me rappelles sans doute quelques-uns de ses traits, et ton cœur vaut mieux que le sien, peut-être. Mais qui peut remplacer dans l'âme d'un amant la belle image qu'il s'est plu tous les jours à parer d'un nouveau prestige ? Celle-là n'existe plus en réalité sur la terre ; elle est gravée seulement au fond du fond du cœur fidèle, et nul portrait ne pourra jamais rendre son impérissable beauté.

LA BOUQUETIÈRE. — Pourtant on m'a dit que je la valais bien, et, sans coquetterie, je pense qu'étant parée comme la signora Corilla, au feux des bougies, avec l'aide du spectacle et de la musique, je pourrais bien vous plaire autant qu'elle, et cela sans blanc de perle et sans carmin.

FABIO. — Si ta vanité se pique, petite fille,

tu m'ôteras même le plaisir que je trouve à te regarder un instant. Mais, vraiment, tu oublies qu'elle est la perle de l'Espagne et de l'Italie, que son pied est le plus fin et sa main la plus royale du monde. Pauvre enfant! la misère n'est pas la culture qu'il faut à des beautés si accomplies, dont le luxe et l'art prennent soin tour à tour.

LA BOUQUETIÈRE. —Regardez mon pied sur ce banc de marbre; il se découpe encore assez bien dans sa chaussure brune. Et ma main, l'avez-vous seulement touchée?

FABIO. —Il est vrai que ton pied est charmant, et ta main... Dieu! qu'elle est douce!... Mais, écoute, je ne veux pas te tromper, mon enfant, c'est bien elle seule que j'aime, et le charme qui m'a séduit n'est pas né dans une soirée. Depuis trois mois que je suis à Naples, je n'ai pas manqué de la voir un seul jour d'Opéra. Trop pauvre pour briller près d'elle, comme tous les beaux cavaliers qui l'entourent aux promenades, n'ayant ni le génie des musiciens, ni la renommée des poëtes qui l'inspirent et qui la servent dans son talent, j'allais sans espérance m'enivrer de sa vue et de ses chants.

et prendre ma part dans ce plaisir de tous,
qui pour moi seul était le bonheur et la
vie. Oh! tu la vaux bien peut-être, en effet... mais as-tu cette grâce divine qui se
révèle sous tant d'aspects? As-tu ces pleurs
et ce sourire? As-tu ce chant divin, sans lequel une divinité n'est qu'une belle idole?
Mais alors tu serais à sa place, et tu ne ven-
drais pas des fleurs aux promeneurs de la
Villa-Reale...

LA BOUQUETIÈRE. — Pourquoi donc la nature, en me donnant son apparence, aurait-
elle oublié la voix? Je chante fort bien, je
vous jure; mais les directeurs de San-Carlo
n'auraient jamais l'idée d'aller ramasser une
prima donna sur la place publique.. Écoutez ces vers d'opéra que j'ai retenus pour les
avoir entendus seulement au petit théâtre
de la Fenice.

(*Elle chante.*)

AIR ITALIEN.

Qu'il m'est doux de conserver la paix du cœur,
le calme de la pensée.

Il est sage d'aimer dans la belle saison de
l'âge; plus sage de n'aimer pas.

FABIO, *tombant à ses pieds*. — Oh ! madame, qui vous méconnaîtrait maintenant ? Mais cela ne peut être... Vous êtes une déesse véritable, et vous allez vous envoler ! Mon Dieu ! qu'ai-je à répondre à tant de bontés ? je suis indigne de vous aimer, pour ne vous avoir point d'abord reconnue !

CORILLA. — Je ne suis donc plus la bouquetière ?... Eh bien ! je vous remercie ; j'ai étudié ce soir un nouveau rôle, et vous m'avez donné la réplique admirablement.

FABIO. — Et Marcelli ?

CORILLA. — Tenez, n'est-ce pas lui que je vois errer tristement le long de ces berceaux, comme vous faisiez tout à l'heure ?

FABIO. — Évitons-le, prenons une allée.

CORILLA. — Il nous a vu, il vient à nous.

FABIO, CORILLA, MARCELLI.

MARCELLI. — Hé ! seigneur Fabio, vous avez donc trouvé la bouquetière ? Ma foi, vous avez bien fait, et vous êtes plus heureux que moi ce soir.

FABIO. — Eh bien ! qu'avez-vous donc fait de la signora Corilla ? vous alliez souper ensemble gaiement.

MARCELLI. — Ma foi, l'on ne comprend rien aux caprices des femmes. Elle s'est dite malade, et je n'ai pu que la reconduire chez elle ; mais demain…

FABIO. — Demain ne vaut pas ce soir, seigneur Marcelli.

MARCELLI. — Voyons donc cette ressemblance tant vantée… Elle n'est pas mal, ma foi !… mais ce n'est rien ; pas de distinction, pas de grâce. Allons, faites-vous illusion à votre aise… Moi, je vais penser à la prima donna de San-Carlo, que j'épouserai dans huit jours.

CORILLA, *reprenant son ton naturel.* — Il faudra réfléchir là-dessus, seigneur Marcelli. Tenez, moi, j'hésite beaucoup à m'engager. J'ai de la fortune, je veux choisir. Pardonnez-moi d'avoir été comédienne en amour comme au théâtre, et de vous avoir mis à l'épreuve tous deux. Maintenant, je vous l'avouerai, je ne sais trop si aucun de vous m'aime, et j'ai besoin de vous connaître davantage. Le seigneur Fabio n'adore en moi que l'actrice peut-être, et son amour a besoin de la distance et de la rampe allumée ; et vous, seigneur Marcelli, vous me paraissez vous aimer avant tout le monde, et vous émouvoir difficilement dans l'occasion. Vous êtes trop mondain, et lui trop poëte. Et maintenant, veuillez tous deux m'accompagner. Chacun de vous avait gagé de souper avec moi : j'en avais fait la promesse à chacun de vous ; nous souperons tous ensemble ; Mazetto nous servira.

MAZETTO, *paraissant et s'adressant au public.* — Sur quoi, messieurs, vous voyez que cette aventure scabreuse va se terminer le plus moralement du monde. Excusez les fautes de l'auteur.

TROISIÈME CHÂTEAU

———

Château de cartes, château de Bohême,
château en Espagne, — telles sont les premières stations à parcourir pour tout poëte.
Comme ce fameux roi dont Charles Nodier a
raconté l'histoire, nous en possédons au
moins sept de ceux-là pendant le cours de
notre vie errante, — et peu d'entre nous
arrivent à ce fameux château de briques et

de pierre, rêvé dans la jeunesse, — d'où quelque belle aux longs cheveux nous sourit amoureusement à la seule fenêtre ouverte, tandis que les vitrages treillisés reflètent les splendeurs du soir.

En attendant, je crois bien que j'ai passé une fois par le château du diable. Ma cydalise, à moi, perdue, à jamais perdue!... Une longue histoire, qui s'est dénouée dans un pays du nord, — et qui ressemble à tant d'autres! Je ne veux ici que donner le motif des vers suivants, conçus dans la fièvre et dans l'insomnie. Cela commence par le désespoir et cela finit par la résignation.

Puis, revient un souffle épuré de la première jeunesse, et quelques fleurs poétiques s'entr'ouvrent encore, dans la forme de l'odelette aimée, — sur le rhythme sautillant d'un orchestre d'opéra.

MYSTICISME

LE CHRIST AUX OLIVIERS

> Dieu est mort ! le ciel est vide...
> Pleurez ! enfants, vous n'avez plus de père !

JEAN PAUL.

I

Quand le Seigneur, levant au ciel ses maigres bras,
Sous les arbres sacrés, comme font les poëtes,
Se fut longtemps perdu dans ses douleurs muettes,
Et se jugea trahi par des amis ingrats ;

11

Il se tourna vers ceux qui l'attendaient en bas
Rêvant d'être des rois, des sages, des prophètes...
Mais engourdis, perdus dans le sommeil des bêtes,
Et se prit à crier : « Non, Dieu n'existe pas ! »

Ils dormaient. « Mes amis, savez-vous *la nouvelle?*
J'ai touché de mon front à la voûte éternelle ;
Je suis sanglant, brisé, souffrant pour bien des jours !

Frères, je vous trompais : Abîme ! abîme ! abîme !
Le dieu manque à l'autel, où je suis la victime...
Dieu n'est pas ! Dieu n'est plus ! » Mais ils dormaient
toujours !

II

Il reprit : « Tout est mort ! J'ai parcouru les mondes ;
Et j'ai perdu mon vol dans leurs chemins lactés,
Aussi loin que la vie, en ses veines fécondes,
Répand des sables d'or et des flots argentés :

Partout le sol désert cotoyé par des ondes,
Des tourbillons confus d'océans agités...

Un souffle vague émeut les sphères vagabondes,
Mais nul esprit n'existe en ces immensités.

En cherchant l'œil de Dieu, je n'ai vu qu'un orbite
Vaste, noir et sans fond ; d'où la nuit qui l'habite
Rayonne sur le monde et s'épaissit toujours ;

Un arc-en-ciel étrange entoure ce puits sombre,
Seuil de l'ancien chaos dont le néant est l'ombre,
Spirale, engloutissant les Mondes et les Jours !

III

« Immobile Destin, muette sentinelle,
Froide Nécessité !... Hasard qui t'avançant,
Parmi les mondes morts sous la neige éternelle,
Refroidis, par degrés l'univers pâlissant,

Sais-tu ce que tu fais, puissance originelle,
De tes soleils éteints, l'un l'autre se froissant...
Es-tu sûr de transmettre une haleine immortelle,
Entre un monde qui meurt et l'autre renaissant ?...

O mon père! est-ce toi que je sens en moi-même?
As-tu pouvoir de vivre et de vaincre la mort?
Aurais-tu succombé sous un dernier effort

De cet ange des nuits que frappa l'anathème...
Car je me sens tout seul à pleurer et souffrir,
Hélas! et si je meurs, c'est que tout va mourir! »

IV

Nul n'entendait gémir l'éternelle victime,
Livrant au monde en vain tout son cœur épanché;
Mais prêt à défaillir et sans force penché,
Il appela le *seul* — éveillé dans Solyme:

« Judas! lui cria-t-il, tu sais ce qu'on m'estime,
Hâte-toi de me vendre, et finis ce marché:
Je suis souffrant, ami! sur la terre couché...
Viens! ô toi qui, du moins, as la force du crime! »

Mais Judas s'en allait, mécontent et pensif,
Se trouvant mal payé, plein d'un remords si vif
Qu'il lisait ses noirceurs sur tous les murs écrites...

Enfin Pilate seul, qui veillait pour César,
Sentant quelque pitié, se tourna par hasard :
« Allez chercher ce fou ! » dit-il aux satellites,

V

C'était bien lui, ce fou, cet insensé sublime...
Cet Icare oublié qui remontait les cieux,
Ce Phaéton perdu sous la foudre des dieux,
Ce bel Atys meurtri que Cybèle ranime !

L'augure interrogeait le flanc de la victime.
La terre s'enivrait de ce sang précieux...
L'univers étourdi penchait sur ses essieux,
Et l'Olympe un instant chancela vers l'abîme :

« Réponds ! criait César à Jupiter Ammon,
Quel est ce nouveau dieu qu'on impose à la terre?
Et si ce n'est un dieu, c'est au moins un démon... »

Mais l'oracle invoqué pour jamais dut se taire ;
Un seul pouvait au monde expliquer ce mystère :
— Celui qui donna l'âme aux enfants du limon.

DAPHNÉ

Jam redit et virgo...

La connais-tu, Daphné, cette ancienne romance,
Au pied du sycomore, ou sous les mûriers blancs,
Sous l'olivier, le myrthe, ou les saules tremblants,
Cette chanson d'amour, qui toujours recommence !

Reconnais-tu le Temple au péristyle immense,
Et les citrons amers où s'imprimaient tes dents,
Et la grotte, fatale aux hôtes imprudents,
Où du dragon vaincu dort l'antique semence?...

Ils reviendront, ces Dieux, que tu pleures toujours...
Le temps va ramener l'ordre des anciens jours,
La terre a tressailli d'un souffle prophétique :

Cependant la sybille, au visage latin,
Est endormie encor sous l'arc de Constantin...
Et rien n'a dérangé le sévère Portique.

VERS DORÉS.

Eh quoi ! tout est sensible !
PYTHAGORE.

Homme, libre penseur ! te crois-tu seul pensant
Dans ce monde où la vie éclate en toute chose ?
Des forces que tu tiens ta liberté dispose,
Mais de tous tes conseils l'univers est absent.

Respecte dans la bête un esprit agissant :
Chaque fleur est une âme à la Nature éclose ;
Un mystère d'amour dans le métal repose;
« Tout est sensible ! » Et tout sur ton être est puissant.

Crains, dans le mur aveugle, un regard qui t'épie :
A la matière même un verbe est attaché...
Ne la fais pas servir à quelque usage impie !

Souvent dans l'être obscur habite un Dieu caché ;
Et comme un œil naissant couvert par ses paupières,
Un pur esprit s'accroît sous l'écorce des pierres !

LYRISME

ESPAGNE

Mon doux pays des Espagnes
Qui voudrait fuir ton beau ciel,
Tes cités et tes montagnes,
Et ton printemps éternel?

Ton air pur qui nous enivre,
Tes jours, moins beaux que tes nuits,
Tes champs, où Dieu voudrait vivre
S'il quittait son paradis.

Autrefois ta souveraine,
L'Arabie, en te fuyant,
Laissa sur ton front de reine
Sa couronne d'Orient !

Un écho redit encore
A ton rivage enchanté
L'antique refrain du Maure :
Gloire, amour et liberté !

CHŒUR D'AMOUR

Ici l'on passe
Des jours enchantés !
L'ennui s'efface
Aux cœurs attristés
Comme la trace
Des flots agités.

Heure frivole
Et qu'il faut saisir,

Passion folle
Qui n'est qu'un désir,
Et qui s'envole
Après le plaisir !

Piquillo (avec Dumas). — Mus. de Monpou.

CHANSON GOTHIQUE

Belle épousée,
J'aime tes pleurs !
C'est la rosée
Qui sied aux fleurs.

Les belles choses
N'ont qu'un printemps,
Semons de roses
Les pas du Temps !

Soit brune ou blonde
Faut -il choisir ?

Le Dieu du monde,
C'est le plaisir.

Les Monténégrins. — Mus. de Limnander.

LA SÉRÉNADE

(D'UHLAND)

—Oh! quel doux chant m'éveille?
— Près de ton lit je veille,
Ma fille! et n'entends rien...
Rendors-toi, c'est chimère !
— J'entends dehors, ma mère,
Un chœur aérien !...

— Ta fièvre va renaître.
— Ces chants de la fenêtre
Semblent s'être approchés.
— Dors, pauvre enfant malade,
Qui rêves sérénade ..
Les galants sont couchés!

— Les hommes ! que m'importe ?
Un nuage m'emporte...
Adieu le monde, adieu !
Mère, ces sons étranges
C'est le concert des anges
Qui m'appellent à Dieu !

Musique du p^ce Poniatowski.

FIN

www.ingramcontent.com/pod-product-compliance
Lightning Source LLC
LaVergne TN
LVHW050647090426
835512LV00007B/1067